Dieses kleine Büchlein ist entstanden, weil ich ein Buch mit Flachwitzen gesucht habe, aber nicht fündig geworden bin und da dachte ich mir, das ich mich einfach mal hinsetze und die besten Flachwitze zusammensuche, es gibt aber soviele Arten von Witze, das ich in mehreren Kategorien gute Witze für Stammtische oder Partys gefunden habe. Ich bin davon ausgegangen das ich nicht der einzige bin der so einen flachen Humor hat. Es sind extra kurze und gut zu merkende Witze im Buch.

Es wurden alle Witze von mir bei anderen Personen getestet, und nur Witze reingenommen die auch gut angekommen sind.

Natürlich gibt es auch Leute die einen spießiegen Humor haben, aber über irgendeinen Witz werden auch sie drüber lachen ;-)))

Ich wünsche viel Spaß beim lesen!!!

Herstellung und Verlag:
Books on Demand GmbH, Norderstedt
ISBN 978-3-8423-6684-8

133 x Deine Mudda, deine Mudder oder deine Mutter

Deine Mutter sammelt Laub für den Blätterteig.

Deine Mutter ist so fett ,man braucht 3h um um sie herumzulaufen.

Deine Mutter ist so häßlich, selbst Gollum schreckt vor ihr zurück.

Wenn deine Mutter mit einem gelben t-shirt denn berg raufrennt denken alle die Sonne geht auf.

Deine Mutter ruft bei Erdbeben ''hört mal wer da hämmert.

Deine Mutter sagt zu dir: Ich bin deine Mutter, du Hurensohn!

Deine Mutter schnallt sich LKW reifen auf den Rücken und meint Sie ist einer von den Transformers!!

Deine Mudder ist wie ein senfglas, jeder steckt sein würstchen rein.

Deine Mutter ist so dumm sie sagt zu dir: "Ich bin dein Vater!"

Deine Mutter schmeißt ne Orange aufn Boden und schreit "Los Pikachu!"

Deine Mudda is so dumm sie kratzt am Baum nach Hartz 4!

Deine Mutter steht vor der Rolltreppe und zählt

die Stufen.

Deine Mutter kann keine Schweinegrippe bekommen. Auch Viren haben ihren Stolz.

Deine Mutter geht in den Park und frisst den Enten das Brot weg.

Deine Mutter ist so fett, sie passt nicht in die Ecke zum Schämen.

deine Mudda ist wie ein Briefschlitz jeder hatte seine hände schon drin.

Deine Mudda arbeitet in der Losbude als Niete.

Deine Mutter nimmt Altöl zum Kochen!

Deine Mutter steht nachts vor Kik und schreit: "Ich bin billiger!"

Um deine Mutter zu überfahren, muss man 2 mal tanken.

Deine Mutter braucht zum Sprechen nen Untertitel.

Deine Mutter schnallt sich n Dildo auf'n Kopf und spielt "Das Letzte Einhorn".

Deine Mutter benutzt 'ne Matratze als Tampon.

Es gibt noch keine Schulfotos von deiner Mutter. Google Earth gibt's erst seit 2004.

Dreine Mutter arbeitet bei Penny unter der Kasse und macht das pip Geräusch.

Deine Mutter ist so dumm die sitzt auf dem Fernseher und kuck sofa.

Wenn deie Mutter am Fernseher vorbei geht, verpasst man alle teile von Herr Der Ringe.

Deine Mutter wechselt öfter ihre Freier, als du deine Unterwäsche!

Deine Mutter klaut bei Aldi und fragt nach nem Kassenbon!!!

Deine Mutter benutzt Nutella als Gleitgel-Ersatz.

Deine Mutter kackt auf den PC - weil da steht "Code eingeben".

Deine Mutter ist so dumm - sie kauft sich einen runden Kecks und beisst die Ecken ab.

Deine Mutter stinkt so stark — dass sogar die Müllmänner flüchten!

Deine Mutter sitzt hinterm Aldi und macht Armdrücken ums Flaschenpfand.

Der Dönermann hat angerufen – du sollst vorbei kommen, deine Mutter dreht sich nicht mehr.

Deine Mutter macht Kniebeugen im Gurkenfeld.

Deine Mutter hat Schulden im 1 Euro Shop.

Deine Mutter ist so dumm und verläuft sich im leeren Raum.

Deine Mutter sammelt hässliche Kinder!

Deine Mudder ist so dumm, sie verkauft Obst auf dem Schwarzmarkt!

Deine Mutter ist wie die Titanic – keiner weiß wie viel drauf waren!

Deine Mutter ist wie ne Packung Böller: 1€, 5x knallen!

Deine Mutter ist zu hässlich für

Telefonsex

Deine Mutter ist so fett, sie hat ihre eigene Postleitzahl.

Deine Mutter ist so dumm, Sie schaut bei einer Glastür durch das Schlüsselloch!

Deine Mutter ist so fett, da braucht man ein Sack Mehl um die feuchte Stelle zu finden!

Deine Mutter lässt sich Fett absaugen und macht daraus Seife!

Deine Mutter ist so dumm, sie ersteigert W-Lan Kabel bei Ebay.

Deine Mutter ist so dumm, sie ist Ihr Knoppers schon um halb 9

Deine Mutter fährt den Bus vom A-Team!

Deine Mutter ist so dumm – die verhütet mit der Glücksspirale

Deine Mutter ist so fett - sie trägt 20 Zoll Felgen als Ohrringe

Deine Mutter ist so dumm, sie will auf den Nato-Gipfel klettern.

Deine Mutter steht vorm Dönerladen und sagt: "Nimm mich mit, ich bin auch fett und saftig".

Deine Mutter wollte dich 2 Wochen nach deiner Geburt immer noch abtreiben!

Deine Mutter wird öfters geknallt als die Tür beim Arbeitsamt!

Deine Mutter stellt sich neben 2 Mülltonnen und sagt: "Cheeesseee"!

Deine Mutter ist so hässlich sie wollte an einem Hässlichkeits-Contest mitmachen und die Organisatoren sagten "Sorry, keine Profis!"

Deine Mutter ist so dumm sie könnte über ein schnurloses Telefon fallen!

Deine Mutter ist so fett - Sie muss sich ihre Hosen auf

der Straße bügeln.

Deine Mutter ist so hässlich, wenn
man Sie im Garten als Vogelscheuche
aufstellt, bringen
die Vögel die Kirschen vom letzten
Jahr sogar zurück !

Deine Mutter liebt dich nur wegen dem Kindergeld!

Deine Mutter ist so fett, wenn sie sich auf eine Waage
stellt steht: Bitte einer nach dem
anderen drauf steigen!

*Deine Mutter ist so fett, sie ging in ein
Restaurant, guckte sich die Speisekarte an und
sagte: "Okay!"*

Wenn deine Mutter im Wasser schwimmt kommen die
Walle und singen " We are Family"

Deine Mutter ist so hässlich, der Schweiß läuft
rückwärts über ihren Kopf, damit er nicht
durch ihr Gesicht muss!

Deine Mutter ist so behaart, jeder denkt sie hat zwei Hippies im Schwitzkasten.

Deine Mutter hat angerufen, du sollst nach Hause kommen und ihr den Rücken kämmen!

Deine Mutter ist ein trojanisches Pferd. 70 Männer passen rein.

Deine Mutter ist so fett, sie wird im Falle eines Kometeneinschlages von der Regierung als Schutzschild benutzt.

Dein Mutter ist so fett, wenn sie einen gelben Regenmantel an zieht und mit nem Fahrrad auf der Straße fährt denken die Kinder der Schulbus kommt!

Sag deiner Mutter sie soll sich verstecken! Die Müllabfuhr kommt!

Deine Mutter ist so fett, wenn sie von einem Bus angefahren wird, sagt sie: "Wer hat den Stein geworfen?"

Deine Mutter ist wie Spargel, jedes Jahr kommen tausende Polen um sie zu stechen

Deine Mutter ist so hässlich sie bringt eine Zwiebel zum heulen.

Deine Mutter ist so hässlich wenn sie strippt bekommt sie Geld damit sie sich wieder anzieht.

Deine Mutter ist so dumm sie ist farbenblind und kauft sich einen GameBoy Colour!

Deine Mutter macht mehr Dreier als BMW!

Deine Mutter ist der Fehler in Matrix!

Deine Mutter bellt wenn es Klingelt.

Deine Mutter ist bei Super-Mario der Endgegner!

Deine Mutter furzt Leute ins Gesicht und ruft "SMOGSMOG".

Deine Mutter hat nur 3 Finger und sagt gib mir Fünf.

Deine Mutter hat nur ein Bein und sagt Tunnel mich doch.

Deine Mutter ist so dumm sie nimmt 17 Leute mit wenn sie einen Film ab 18 sehen möchte.

Deine Mutter ist so fett, wenn die aus dem Haus geht denken alle es ist Sonnenfinsternis!

Deine Mutter ist so fett sie kann den Mond ersetzen.

Deine Mutter ist so dumm, sie hat versucht M&Ms alphabetisch zu ordnen.

Deine Mutter ist so fett, die Tiere im Zoo füttern sie.

Deine Mutter ist so hässlich, bei

ihrer Geburt sagte die Mutter "Was
für ein Schatz" und der
Vater sagte "Ja! Lass uns ihn
begraben!".

Deine Mutter ist so fett, sie ging ins Kino und saß neben jedem.

Deine Mutter ist so fett, sie steht
immer in zwei Zeitzohnen.

Deine Mutter ist so fett, als sie lag am Strand sind
Kinder um sie herumgerannt und haben
"Free Willy" gerufen.

Deine Mutter ist so fett, man muß den
Türrahmen einfetten und einen Keks ins
Zimmerlegen nur damit man sie
reinbekommt.

Deine Mutter raspelt Kokosnüsse bei
Bounty.

Deine Mutter steht vor Plus und fragt, wo Minus ist!

Deine Mutter heißt Ottfried und ist der Bulle von
Tölz.

Deine Mutter ist so fett, im Kino bekommt sie Gruppenrabatt.

Deine Mutter widerspricht ihrem Navi.

Deine Schwester hat angerufen: Deine Mutter hat sich losgerissen und frisst das ganze Heu auf.

Hab letztens 14 Tage Urlaub auf deiner Mutter gemacht und immer noch nicht alles gesehen!

Deine Mutter heißt Walter und ist der Stärkste im Knast!

Deine Mutter ist so dick, dass sie einen Spiegel braucht, um ihre Schuhe zu zu machen!

Deine Mutter zahlt die Miete mit Pfandflaschen und kocht auf der Heizung!

Deine Mutter ist so fett, sie kann ihren Tanga als Fallschirm benutzen.

Deine Mutter ist so dumm, sie denkt beim 1 mal
1 an Buchstabensuppe!

**Deine Mutter ist so fett, wenn sie Fußball spielt,
steht sie immer im Aus.**

Deine Mutter ist im 3. Lehrjahr als Klowart
bei Shell.

Deine Mutter ist so fett, selbst Chuck Norris kann
sie nicht heben.

Wenn deine Mutter früh aufsteht, dann
gibt es in China ein Erdbeben!

Deine Mutter zerreißt Telefonbücher bei „Wetten,
dass..?"

Deine Mutter stürzt öfters ab als Windows.

Deine Mutter dreht Quadrate bei
Tetris.

Deine Mudda ist so fett, die hat ne eigene

Umlaufbahn.

Deine Mudda sagt zu dir, ich bin deine Mudda du Hurensohn.

Deine Mudda ist so fett, wenn sie sich bückt benutzt man ihre Arschritze als Fahrradständer.

Deine Mudda ist so Dumm, sie schubst kleine Kinder von Dreirad und richt am Sattel.

Deine Mudda trägt nen Tanga auf dem Kopf und denkt sie wär 2Pac.

Deine Mudda ist wie Edding: schwarz, fett, dick, haarig und stinkt nach Alkohol.

Deine Mudda ist so dumm, sie ist blind und sagt: "Augen zu und durch!" bevor sie ins Kino für Taubstumme geht.

Deine Mudda ist so fett, sie fiel hin und schuf den Grand Canyon.

Deine Mudda ist so fett, man braucht ein Flugzeug um an das andere Ende zu kommen.

Deine Mudda kackt vor dem Einkaufszentrum, weil auf der Tür drücken steht.

Deine Mudda muss die Treppe benutzen, da der Fahrstuhl nur bis 900 KG zugelassen ist.

Deine Mudda ist so fett, dass sie mit ihren Arschbacken beatboxen kann.

Deine Mudda hat Bahnhofsverbot, weil sie den Pennern immer die Decken klaut.

Das Gesicht deiner Mudda ist wie die Sonne. Man kann nicht reingucken.

Deine Mudda hat einen Penis und kann sich wirklich ins Knie ficken.

Deine Mudda lutscht die Urinsteine aus der Pissrinne.

Deine Mudda ist so fett, sie könnte das Gegengewicht vom Kran sein.

Deine Mudda ist so doof... Wenn es glatt ist schmeißt sie das Salz hinter sich, damit sie auf dem Rückweg nicht ausrutscht.

Deine Mudda ist so doff, sie springt bei "EINS, ZWEI oder DREI" auf die VIER!

150 Flachwitze

Was ist weiß und guckt durchs Schlüsselloch?
Ein Spannbettlaken.

Mann zum Bäcker: "Ich hätte gerne 30 Brötchen."
Bäcker: "Nehmen sie doch 40, dann platzt die Tüte."

Was ist dursichtig und riecht nach Karotten?
Ein Kannichenfurtz!

Was macht ein schwuler Adler? -
Er fliegt zu seinem Horst.

Rotkäppchen geht alleine durch den dunklen Wald.
Auf einmal hört Sie hinter einem dichten Busch ein
Rascheln.
Sie schiebt die Äste und Sträucher beiseite und plötzlich
sitzt vor ihr der Böse Wolf.
"Oh, böser Wolf. Warum hast du so groooße rote
Augen?"
"Hau ab. Ich bin am kacken!"

Kommt ne Frau zum Arzt und sagt: "Herr Doktor, Herr
Doktor, ich glaub ich hab nen Knoten in der Brust!"
Sagt der Arzt: "...ja wer macht den SOWAS?!"

Geht ein Buckliger zum Bäcker: "ich hätte gern ein
Brot" darauf der Bäcker: "schluck doch erst mal das alte
runter"

Sitz eine Frau in der S-Bahn kommt ein Mann dazu.
Sagt die Frau: "Ich heiß Gabi".
Sagt der Mann: "Ich nicht".

Was ist weiß und stört beim Essen....?
Eine Lawine......

Geht eine fette Frau in eine Bäckerei und sagt:

"Ich möchte Rumkugeln!"
Darauf der Bäcker:
"Aber nicht in meinem Laden!"

Herr Doktor, Herr Doktor, ich hab jeden Morgen um 7
Uhr Stuhlgang!" - "Ja, das ist
doch sehr gut!" - "Aber ich steh erst um halbacht auf!"

Da sitzen 2 Äpfel auf dem Baum und unterhalten sich!
Kommt ne Birne vorbei geflogen! Ruft der eine Apfel:
Hey, Birnen können doch gar nicht fliegen!!!!!" Da sagt
die Birne: Ich bin doch die Birne Maja

Mann in der Metzgerei:
Guten Tag, ich hätte gern 150g Leberwurst, aber bitte
von der groben, dicken!
Metzger: Tut uns leid, die hat heute Berufsschule!

Fliegt eine Kuh durch den Wald,
sagt der Förster "Hier ist Rauchen verboten,
sagt die Kuh "Wieso, ich habe doch eine Badekappe
auf.

"Herr Doktor, ich krieg meine Vorhaut nicht mehr
zurück!" - "Die gibt man auch nicht her!"

Fallen zwei Schokoladen die Treppe runter. Sagt die
eine: 'Oh Mann, ich hab' mir sämtliche Rippen

gebrochen.' Meint die andere: 'Was soll ich erst sagen, ich bin voll auf die Nüsse gefallen.

Warum sollten zwei Arschbacken nicht heiraten?
Weil sie bei jedem Scheiß auseinander gehen.

Mami, ich will aber nicht nach Amerika - Sei ruhig, Kind!
Schwimm weiter!

Was sagt ein Krokodil, nachdem es einen Clown aufgefressen hat? - "Schmeckt irgendwie komisch.

Was ist 30 Meter lang und stinkt nach Urin?
- Polonaise im Altenheim.

Ein Beamter zum anderen: Ich weiß gar nicht, was die Leute gegen uns haben, wir tun doch nichts!

Ein Mann geht durch den Wald, sieht einen Pilz und meint:
- "Oh, ein Pilz."
Dreht sich der Pilz um und meint:
- "Na, und?"

Mann zum Bäcker: "Ich hätte gern 19 Brötchen."
Bäcker: "Nehmen sie doch 20." Mann: "Warum?"
Bäcker: "Dann haben sie eins mehr."

Stehen zwei Zahnstocher an der Ampel, kommt ein Igel
vorbei. Sagt der eine Zahnstocher zum anderen: "Hey,
es fahren ja noch Busse ..."

Geht ein Mann und eine Frau ins Restaurant. Sagt der
Mann "Mahlzeit", sagt die Frau "Wo sind denn die
Stifte?"

Warum geht der Sarg nicht auf?
- weil n Zuhälter drin liegt

Sitzen 2 U Boote auf der Mauer und kämmen sich die
Haare. Kommt ein Polizist und sagt: Rauchen ist hier
aber verboten! Sagt das ein U Boot: Wieso? Hab doch
Turnschuhe an.

---

was ist grün und trägt ein kopftuch?
Eine Gürkin

Was ist braun und taucht?
Ein U-Brot.

Wo wohnt eine Katze am liebsten?
Im Miezhaus.

Treffen sich zwei Rosinen auf schneebedeckter Strasse.
Eine trägt einen Helm. "Hey, wozu hast Du den Helm

auf?" fragt die eine. "Ach weisst Du, ich muss noch in'
Stollen!"

Was sagt der große Stift zu dem kleinen Stift?
Wachsmalstift.

Ich hab gestern bei den "Weight Watchers" angerufen.
Keiner hat abgenommen.

Was ist braun und hat eine schlechte Schrift?
Ein Kritzlibär!

Was ist gelb und schießt um die Ecke?
Eine Banone.

Warum trinken Mäuse keinen Alkohol?
Weil sie Angst vor dem Kater haben.

Was macht ein schwuler Wurm im Salat?
Er schmeißt alle Schnecken raus.

Wie heißt ein Spanier ohne Auto?
Carlos.

Was ist pink und behindert?
Ein Flamongo.

Was ist ein Keks unter einem Baum?

Ein schattiges Plätzchen.

Was liegt am Strand und versteht man ganz schlecht?
Eine Nuschel.

Was macht ein Pirat am Computer?
Er drückt die Enter-Taste

Was ist groß, grau und kann telefonieren?
Ein Telefant.

Was ist rot und steht am Straßenrand?
Eine Hagenutte.

Was ist grün und schaut durchs Schlüsselloch?
Der Spionat.

Warum steht ein Pils im Wald?
Weil die Tannen-zapfen.

Was ist viereckig, hat Noppen und einen Sprachfehler?
Ein Legosteniker.

Was macht ein Clown im Büro?
Faxen.

Was ist schwarz und weiss und sitzt auf der Schaukel?
Ein Schwinguin.

Wieso können Seeräuber keinen Kreis fahren?
Weil sie Pi-raten.

Was ist braun und sitzt hinter Gittern?
Eine Knastanie.

Was ist niedlich, hüpft über die Wiese und qualmt?
Ein Kaminchen.

Was ist orange, tiefergelegt und hat einen Spoiler?
Eine Manta-rine.

Warum gibt es keine Ameisen in der Kirche?
Weil sie In-Sekten sind.

Was ist dick und steht am Kopierer?
Der Praktifant.

Was ist rot und steht am Kopierer?
Die Paprikantin.

Treffen sich zwei Sandkörner in der Wüste. Sagt das
eine zum anderen: "Ey Du, ich glaube, wir werden
beobachtet!"

---

was ist durchsichtig stinkt und es ist ihm alles egal?
Ein schnurz!

---
was steht auf dem herd und es darf keiner wissen?
topf secret
---
was ist ein lüneburger wenn er aus der kirche austritt?
ein lünebürger heide

Kommt eine schwangere Frau zum Bäcker und sagt:
"ich bekomme ein Brot" sagt der Bäcker "sachen gibts".

Fliegen zwei U-Boote über die Wüste. Da verliert das
eine ein Rad.
Wieviele Eier sind im Nest?
Drei, weil Joghurt keine Gräten hat!

Sitzen zwei Kühe auf dem Baum und stricken
Atombomben. Da kommt ein Schaf vorbeigeflogen.
Sagt die eine Kuh zur anderen: "Sachen gibt's..."

Gehen zwei Irre durch die Wüste:
Sagt der eine zum anderen: "He, jetzt will ich aber auch
'mal in der Mitte gehen!"

Stehen zwei Kühe auf der Weide.
Sagt die eine:"Muh"
Sagt die andere: "Das wollte ich auch gerade sagen."

Stehen 2 Schafe auf der Wiese.

Sagt das eine:"Mähhh!"
Sagt das andere: "Mäh doch selber"

Kommt ein Frosch zum Bäcker und sagt: "10 Brötchen,
du Arschloch!"
"Unverschämtheit!", sagt der Bäcker, aber er verkauft
ihm die Brötchen.
Am nächsten Tag dasselbe: "10 Brötchen, du
Arschloch!"
Zähneknirschend verkauft der Bäcker dem Frosch die
Brötchen.
Am dritten Tag wieder: "10 Brötchen, du Arschloch!"
Der Bäcker sauer: "Sag das noch einmal und ich nagel
Dich an die Wand"
Noch einen Tag später kommt der Frosch erneut: "Hast
Du einen Hammer ?"
"Nein, habe ich nicht."
"Hast Du denn Nägel??"
"Nein, habe ich auch nicht"
"Dann gibt mir mal 10 Brötchen du Arschloch!!!"

Was macht ein Bäcker ohne Arme und Beine?
Rumkugeln...

Was ist der Unterschied zwischen Bumsen und Vögeln?
Bumsen können nicht fliegen!

In einer Dachrinne sitzen 2 Kühe und stricken einen

Ofen. Kommt ein Schluck Kaffee vorbei und fragt:
"Sagt mal, dürft ihr überhaupt schon rauchen?"
"Wieso?? Ist hier Einbahnstraße?"

Sitzen zwei U-Boote im Kino. Kommt ein Panzer rein.
Sagt das erste U-Boot zum zweiten: "So'n Quatsch! Ein
Panzer im Kino!"

Der Wodka brennt in der Kehle. Is aber gar kein
Brandy.

Schaffner zum Fahrgast: "Warum haben sie denn keine
Fahrkarte?" Fahrgast: "Ich muss sparen."

Liegt ein Ostfriese auf den Gleisen und beißt in den
harten Stahl. Fragt ein anderer Ostfriese: "Warum gehst
Du nicht 100m weiter, da liegt eine Weiche."

Was ist groß, blau, sitzt zehn Meter unter der Erde und
frißt Steine?
Der große, blaue Steinfresser.

"Papa, da sammelt einer für das neue Schwimmbad."
"Na dann, gib ihm einen Eimer Wasser."

Gestern habe ich 500 Fliesen verlegt !" " Na hoffentlich
finden Sie die wieder."

Was ist das Gegenteil von Frühlingserwachen?
Abends rechts einschlafen.

Was ist ein Cowboy ohne Pferd?
Ein Sattelschlepper.

Was macht eine Eskimo-Frau auf einer Eisscholle?
Abtreiben.

Was sucht ein einarmiger in der Einkaufsstrasse?
Einen Second-Hand-Shop.

"Wo liegt der Herr, der von der Dampfwalze überfahren
wurde?"
"Zimmer 7 bis 24."

Treten sich zwei Bauarbeiter gegenseitig in die Eier.
Kommt ein Passant
vorbei und fragt völlig entsetzt: "Sagen Sie mal, tut das
denn nicht weh ?"
Sagt der eine Bauarbeiter: "Nö, wieso? Wir haben doch
Stahlkappen in den Schuhen."

Was ist besser? Menstruation oder Revolution?
Egal, Hauptsache es fließt Blut!

Frau: "In der Küche passieren die meisten Unfälle!"
Mann: "Ja, und ich muss sie immer essen!"

Ein Elefant sitzt auf einer Telefonzelle und strickt Autos.

Ein schluck Wasser kommt vorbei und sagt:"Hei, hier ist parken verboten."

Sagt der Elefant:"Macht nichts, ich hab einen Daumen zum klingeln."

Kommt ein Cowboy in den Saloon mit 7 Pistolen !!
Wie heisst der ??? - Das ist der Kanonen Bill !!!
Kommt ein Cowboy in den Saloon mit 2 Keulen !!
Wie heisst der ??? - Das ist der Keulen Bill !!!!
Kommt ein Cowboy in den Saloon mit 4 Armen, 4 Beinen,
3 Nasen und 4 Ohren !! Wie heisst der !!!
Das ist der TschernoBill !!!!

"Hallo, ist da der Bäcker ?"
"Ja."
"Backen Sie heute noch Brötchen ?"
"Klar, wir haben ja gerade angefangen."
"Toll, können Sie bitte zwei für mich mitbacken ?"

Warum können Schweine kein Fahrrad fahren?
Weil sie keinen Daumen zum klingeln haben!

Springen drei Schweine von einer Brücke.
Springt das erste Schwein runter... tot.

Springt das zweite Schwein runter ... auch tot.
Springt das dritte Schwein runter ... lebt.
Springt nochmal runter... tot!

Was ist weiss und guckt hinter einem Baum hervor?
Eine schüchterne Milch.

Was ist grün und steht am Strassenrand?
Eine Frostituierte!

Kommt´n Pferd in die Kneipe. Fragt der Wirt:"Warum
so´n langes Gesicht?"

Die Dicke zum Spiegel: Spieglein, Spieglein an der
Wand, wer ist die Schönste im ganzen Land?
Der Spiegel: Geh doch mal weg, ich kann ja gar nichts
sehen!

Zwei Irre brechen aus der Anstalt aus.
Nachdem alle Mauern mühsam überwunden sind, sagt
der eine:
"Jetzt aber schnell wieder zurück, die Generalprobe hat
ja prima geklappt!"

Warum heißt der Trabi Trabi?
Wenn er schneller wäre, würde er Galoppi heißen.

Wie heißt die Frau von Herkules?

Na klar, Fraukulles.

Sitzen zwei Hundehaufen auf der Mauer und rauchen
einen Joint.
Da kommt ein Dünnschiss vorbei und fragt: "Darf ich
auch mal ziehen?"
Sagt der eine Hundehaufen: "Ne, das ist nur was für
harte".

Was haben ein Goldfisch und ein Laserstrahl
gemeinsam?
Sie können beide nicht pfeifen!

Was ist gelb und hüpft durch den Wald?
Ein Postfrosch!

Sagt der Taschendieb zu seiner schwangeren Frau:
"Wenn es ein Mädchen wird, soll sie Klaudia heissen."

Wieviele Elephanten passen in eine U-Boot?
12, weil die Klingel links ist.

Warum haben Giraffen so einen langen Hals?
Weil der Kopf so weit oben ist.

Was sagt man von einem Spanner, der gestorben ist?
Der ist weg vom Fenster.

Was ist das Gegenteil von Reformhaus?
Reh hinterm Haus!

Wieviele Tiere nahm Moses mit in die Arche?
Was hat Moses mit der Arche zu tun? Das war Noah.

Wenn man einen schwarzen Stein in das Rote Meer
wirft, wie wird er dann?
Er wird nass.

Warum müssen Frauen sich immer so schön machen?
Weil bei Männern das Auge besser funktioniert als das
Gehirn!

Was ist der Unterschied zwischen einem Mann und
einem Autoreifen?
Der Autoreifen hat Profil!

Wie nennt man einen Liliputaner mit 9 Kindern?
Fruchtzwerg!

Was macht man, wenn jemand tiefer schlafen will?
Man sägt die Beine seines Bettes ab.

Was haben ein Polizist und ein Asylant gemeinsam?
Sie bekommen beide die Lederjacke vom Staat bezahlt!

Woraus bestehen deutsche Autos?

Aus Krupp-Stahl! Woraus bestehen schwedische
Autos?
Aus Schweden-Stahl! Und polnische Autos? Aus Dieb-
Stahl!

Was ist braun, zäh und fliegt umher?
Eine Ledermaus.

Was ist gesund und kräftig und spielt den Beleidigten?
Ein Schmollkornbrot.

Was ist rot und kämpft sich durch den Salat?
Rambodieschen.

Was ist braun und fährt einen verschneiten Hang
hinunter?
Ein Snowbrot.

Warum sieht man keine Ameisen in Kirchen?
Weil sie in Sekten sind.

Was ist grün und klopft an die Tür?
Ein Klopfsalat

Was ist weiß und kann fliegen?
Die Biene Mayo.

Was schmeckt süß und fliegt durch die Luft?

Die Birne Maja.

Was ist rot und fliegt durch die Luft?
Die Binde Maja.

Was ist braun und taucht?
Ein U-Brot.

Was ist gelb und schießt?
Eine Banone.

Was ist viereckig, hat Noppen und einen Sprachfehler?
Ein Legosteniker.

Was ist grün, sauer und versteckt sich vor der Polizei?
Ein Essig-Schurke.

Essen zwei Kannibalen einen Clown.
Sagt der eine: Der schmeckt aber komisch.

Was ist blau und steht am Straßenrand?
Eine Frostituierte.

Was ist grün, trägt Netzstrümpfe und steht am
Straßenrand?
Eine Froschtituierte.

Was ist braun, knusprig und läuft mit dem Korb durch

den Wald?
Das Brotkäppchen.

Was hängt im Urwald an den Bäumen?
Urlaub!

Welche Sprache wird in der Sauna gesprochen?
Schwitzerdeutsch.

Was kommt nach Elch?
Zwölch.

Was ist bunt und läuft über den Tisch davon?
Ein Fluchtsalat.

Welche sind die teuersten Tomaten?
Die Geldautomaten!

Was ist rot und liegt auf dem Acker?
Eine Alte Bauernregel.

Was machen Kannibalen aus Medizinern?
Hot docs!

Was findet man bei einem Kannibalen in der Dusche?
Head and Shoulders!

Ich habe gestern bei Weight Watchers angerufen.

Hat keiner abgenommen.

Was ist weiss und stört beim Essen?
Eine Lawine!

Was ist orange und geht nen Berg hoch?
Eine Wanderine.

Warum können Bienen so gut rechnen?
Weil sie sich den ganzen Tag mit Summen
beschäftigen.

Was ist süß, klebrig und schwingt sich von Baum zu
Baum?
Tarzipan.

Was sind die letzten Worte einer Giftschlange?
Mist, jetzt hab ich mir auf die Zunge gebissen

Ein U-Boot fährt bei Rot über die Ampel! Wieviele
Joghurts sind im Kühlschrank?
Fünf, weil ein Hund keine Gräten hat!

Was ist braun, klebrig und läuft durch die Wüste?
Ein Karamel...

Was ist rot und sitzt auf dem WC?
Eine Klomate...

Wie nennt man einen Italiener mit einem Fladenbrot?
Römer Kebap...

Was ist rosa und schwimmt im Ozean?
Eine Meerjungsau!

25 Scherzfragen

Was hängt an der Wand und gibt jedem die Hand?

Antwort: Handtuch

In welches Glas kann man am besten gießen???

Antwort: In ein leeres

Was passiert mit Anna, wenn sie in den Regen

kommt?

Antwort: Ananas

Was will die Kuh wenn sie ihr Euter schüttelt???

Antwort: Milchshake

Was tropft, wenn es keine Körner pickt?

Antwort: Der Wasserhahn

Was hat keine Füße und läuft trotzdem?

Antwort: Die Nase

Welche enten trinken Bier?

Antwort: Studenten

Was hört ohne Ohren, Spricht ohne Mund und redet in allen Sprachen?

Antwort: Das Echo

Was liegt mitten in Toronto?

Antwort: Das o

Warum essen mehr Chinesen Reis als Japaner?

Antwort: weil es mehr Chinesen gibt!

Warum machen blauäugige Eskimos nie Fehler?

Antwort: Weil es keine gibt!

Woran erkennt man, dass ein Elefant im Kühlschrank war?

Antwort: An den Spuren in der Butter

Was ist das Gegenteil von "Frühlingserwachen"?

Antwort: Spätrechtseinschlafen

Was benutzt man zum sitzen, schlafen und Zähneputzen?

Antwort: Stuhl, Bett und Zahnbürste

Nimm von 5 Äpfeln zwei weg, wie viel Äpfel hast du?

Antwort: 2 Äpfel

Wie kann man Wasser am Stück tragen?

Antwort: Als Eis

Welcher Abend fängt schon am Morgen an?

Antwort: Der Sonnabend oder Heiligabend

Wann ist 13 x 2 = 25?

Antwort: Nie

Welche Pillen verordnet kein Arzt?

Antwort: Die Pupillen

Was ist ein Postbote ohne o?

Antwort: Briefträger

Was fällt durch eine Fensterscheibe ohne sie zu zerbrechen?

Antwort: Der Sonnenschein

Wie viel Buchstaben hat das ABC?

Antwort: 3

Was hört immer alles, sagt aber nie einen Ton?

Antwort: Das Ohr

Was hat Flügel, kann aber nicht fliegen?

Antwort: Die Nase

Welche Kerze brennt nicht?

Antwort: Die Zündkerze

25 Chuck Norris Witze

--->*Chuck Norris ist so cool, dass er Drehtüren zuknallen kann.*

--->*Chuck Norris hat keinen Schatten. Die Wand möchte nur so aussehen wie Chuck Norris.*

--->*Chuck Norris Stimme können auch Taube hören.*

--->*Chuck Norris kann schwarze Filzstifte nach Farbe sortieren.*

--->*Chuck Norris kann Feuer mit einer Lupe machen. Nachts!*

--->*Chuck Norris kann Zwiebeln zum Weinen bringen.*

--->*Am siebten Tag machte Gott eine Pause weil Chuck Norris seine Ruhe haben wollte.*

--->*Chuck Norris bekommt keine Spam Mails.*

--->*Chuck Norris telefoniert mit Tastensperre.*

--->*Pollen haben eine Chuck-Norris-Allergie.*

--->*Chuck Norris war Kamikaze-Pilot. 12 mal*

--->*Chuck Norris kann den Klitschkobrüdern unbeschadet die Milchschnitte wegnehmen.*

--->*Chuck Norris fährt keine Straßenbahn - die Bahn fährt Chuck Norris.*

--->*Chuck Norris braucht keinen Dosenöffner, er kaut sich einfach durch die Konserve.*

--->*Chuck Norris schläft mit einem Kopfkissen unter seiner Waffe.*

--->*Chuck Norris ist so heiß, er brennt seine CDs mit seinem Atem.*

--->*Chuck Norris kann unter Wasser grillen.*

--->*Wenn Chuck Norris von einer Kugel getroffen wird, blutet nicht er, sondern die Kugel.*

--->*Chuck Norris gewinnt "4 gewinnt" in drei Zügen.*

--->*Chuck Norris reitet nicht, er ist schneller ohne Pferd.*

--->*Chuck Norris weiß, warum da Stroh liegt.*

--->*Chuck Noris kann ohne eine Frage zu beantworten ein Sandwich bei Subway bestellen.*

--->*Chuck Norris kennt mehr Ersatzteile als Peter Ludolf.*

--->*Chuck Norris ist der einzige, der die Zeit wirklich totschlagen kann*

--->*Chuck Norris kann selbst im Spiel um Platz 3 noch Weltmeister werden.*

25 Trinksprüche

Menschenkind bedenke wohl, dein größter Feind heißt Alkohol, doch in der Bibel steht geschrieben, du sollst auch deine Feinde Lieben.

Alkohol, du böser Geist, auch wenn du mich zu Boden reißt, ich ich steh auf, du schlägst mich nieder, ich kotz dich aus und trink dich wieder!!!

Alkohol und Sonnenschein, ficken und besoffen sein, wir bleiben unserem Motto treu geil, pervers und arbeitsscheu!

Die Sonne scheint die Füße stinken, komm lass uns mal´ne Büchse trinken

Ein Knecht der stand am Scheunentor und pisste durch die Ritze, drinnen fiel die Sense um und weg war seine Spritze. Ein Stummel blieb ihm noch zum Trost - Prost

Zwischen Leber und Milz passt immernoch ein Pils!

Alkohol macht Birne hol, mehr Platz für Alkohol!

Wir sind schön und wir sind jung, schöne Körper
unter Palmen, doch wir fallen ständig um, denn wir
ernähr´n uns von BACARDI RUM.

Alkohol, Du edler Geist,
wie oft Du mich zu Boden reißt,
reißt Du mich noch zehn Mal nieder,
ich steh auf und trinke wieder. PROST!

Bier macht lustig,
weise der Wein !
drum trinke beides,
um beides zu sein !
Prost...

Es tut mir sehr im Herzen weh, wenn ich vom Glas
den Boden seh'.

Lieber Mond Du hast es schwer, hast allen Grund
zur Klage.
Du bist nur zwölf mal voll im Jahr, ich bin es alle

Tage. PROST!!

Wenn ich Deinen Hals berühre,
Deinen Mund an meinen führe,
ach, wie sehn´ ich mich nach Dir,
heiß geliebte Flasche Bier!

Wo früher meine Leber war,
ist heute eine Minibar!

Das Leben ist ein Kampf,
die Liebe ein Krampf
die Schule ein Überdruss
das Bier ein Hochgenuss.

Rauchen, saufen, randalieren,
Scheiße an die Wände schmieren,
Huren, ficken, Geld verprassen,
Frauen an die Titten fassen,
Das ist unser Lebensziel.
Auf reicht mir noch ein kühles Bier.

Rauchen, saufen Geld verprassen

der Uschi an die Muschi fassen
dem Erich in die Eier beissen
dem Pfaffen ins Gebetbuch scheissen
das Glas mit dem Bier erheben
das ist Leben! -PROST!

Das erste Bier, das löscht den Durst;
Ein zweites stimmt mich heiter.
Nach dreien ist mir alles Wurst,
Drum sauf' ich zahllos weiter.

Woran merkt man, daß im Bier weibliche Hormone
enthalten sind?
Trinkt man zuviel, kann man nicht mehr Auto
fahren.
Trinkt man weiter, redet man nur noch dummes
Zeug.

Bier macht schön!
Oder hast du schon mal einen Mann gesehen, der
sich schminkt?

Trink ich Wasser werd ich faul, trink ich Bier zieh
ichs Maul, trink ich Schnaps, werd ich voll, nun weiß

ich, was ich trinken soll.

Das Hemd verkotzt, die Hos' verschissen,
vom letzten Abend nichts mehr wissen,
die Treppe rauf auf alle Vier
Schwarzbräu Premium - welch ein Bier!

Der kluge Mensch,
so glaub es mir,
der redet nicht
und trinkt sein Bier

Alkohol oh Alkohol,
wie schwächst du meine Glieder
Gestern hast du mich in den Graben geschubst,
heut' versuchst du's wieder

Saufen, saufen, saufen und nen neuen Kasten
kaufen. Und ist dann dieser wieder leer muss nur
schnell ein neuer her! Prost!

25 Blondinenwitze

Was hat eine Blondine mit dem Universum gemeinsam? Beide haben schwarze Löcher.

Warum freut sich eine Blondine so, wenn sie ein Puzzle nach 6 Monaten fertig hat? Weil auf der Packung steht: von 2-4 Jahren

Wie versucht eine Blondine einen Vogel umzubringen? Sie wirft ihn vom Balkon!

Was sagt man zu einer Blondine ohne Arme und Beine? Hm, hübsche Titten

Warum haben Blondinen Beine? Um vom Bett in die Küche zu kommen

Wie kann man eine Blondine Montag morgens zum Lachen bringen? Freitag abends einen Witz erzählen!

Warum schuf Gott die Blondinen? Weil Hühner und Gummipuppen kein Bier aus dem Kühlschrank holen können

Was ist schwarz und knistert unter der Decke?

Eine blonde Elektrikerin

Warum haben Blondinen die Periode? Weil sie es verdient haben

Was ist das Skelett einer Blondine in einer Toilette? Der Überrest vom Versteckspiel letztes Jahr

Was ist der Unterschied zwischen einer Blondine und einem Job? Der Job wird erst nach einer Woche langweilig

Was erhält man, wenn man einer Blondine einen Pfennig für ihre Gedanken bietet? Wechselgeld

Woran erkennt man, daß eine Blondine den Garten angelegt hat? Die Büsche sind größer als der Rest des Grundstücks

Warum hat eine Blondine eine Hirnzelle mehr als eine Kuh? Damit sie nicht muht und kackt, wenn man ihr ans Euter greift

Zwei Blondinen unterhalten sich. Sagt die eine: "Ich war beim Schwangerschaftstest".
Darauf die andere: "Und, waren die Fragen schwer?"

Was macht eine Blondine wenn der Computer
brennt?
Sie drückt die Löschtaste.

Fragt der Chef die blonde Sekretärin: "Schauen Sie
doch bitte mal nach, was für diese Woche im
Terminkalender steht."
Darauf die Blondine: "Montag, Dienstag, Mittwoch,
Donnerstag, Freitag..."

Warum haben Blondinen keine Schamhaare? Haste
schon mal ne Autobahn gesehen, auf der Gras
wächst?

Warum können Blondinen nicht boxen? Weil sie
keine Rechte haben.

Warum liegen Blondinen breitbeinig am Meer? Weil
sie auf die Seezungen warten!...

Warum mögen Blondinen Schiebedächer am Auto?
Mehr
Beinfreiheit.

Wie nennt man die
Schamlippen einer Blondine? Leitplanken.

Was macht eine Blondine, wenn sie Pinocchio begegnet? Sie setzt sich auf sein Gesicht und sagt: "Lüg mich an!"

Was sagt eine Blondine, wenn ein Vogel seine Ladung genau über ihr ablässt? "Gut, dass Kühe nicht fliegen können."

Warum haben Blondinen prinzipiell Schuld an einem Autounfall? Eigentlich hätten Sie hinter dem Herd stehen müssen.

25 Sinnlose Fragen

Bekommt man Geld vom Taxifahrer, wenn man mit einem Taxi rückwärts fährt?

Es gibt Sonnenbrand, gibt es auch Mondbrand

Gibt es in einem Land mit Linksverkehr auch einen Rechtsweg?

Gibt es intelligente Windeln für Klugscheißer?

Haben blinde Eskimos Blinden-Schlittenhunde?

Haben Menschen mit Sommersprossen im Winter
Wintersprossen?

**Heißt die Dreigroschenoper trotz Euroeinführung
immer noch Dreigroschenoper?**

Kaufen Kettenraucher beim Juwelier ein?

Können Liliputaner hoch hinaus kommen?

Sind Miesmuscheln wirklich mies drauf?

**Warum muss man für den Besuch beim Hellseher
einen Termin haben?**

Warum sind Pizza-Schachteln eckig?

Was ist eigentlich die Mehrzahl von Mehrzahl?

Was ist, wenn man sich zwei Mal halb tot lacht?

Was soll das Verfallsdatum auf saurer Sahne?

Was zählen Schafe, wenn sie einschlafen wollen?

Wenn Apfelkuchen aus Äpfeln besteht, woraus besteht dann Hundekuchen?

Wenn ein Schizophrener mit Selbstmord droht - ist das dann eine Geiselnahme?

Wenn man eine Sonnenbrille von Porsche trägt, kann man dann schneller gucken?

Wenn man zu einem Liliputaner sagt, dass er kleinlich ist, ist es dann eine Beleidigung?

Wenn Superkleber wirklich überall klebt, warum dann nicht auf der Innenseite der Tube?

Wenn wir alle von Adam und Eva abstammen, sind wir dann alle ein Produkt von Inzucht?

Wie kommen die „Rasen betreten verboten"-
Schilder in die Mitte des Rasens?

Wenn schwimmen schlank macht, was machen
Blauwale falsch?

Wenn man einen Schlumpf würgt, welche Farbe
bekommt er dann?

25 Alle Kinder... Witze

Alle Kinder hörten den Donner, außer Fritz, den traf der Blitz.

Alle Kinder spielen Ritter. Nur nicht Gert, in dem steckt ein Schwert.

Alle Kinder sitzen um das Lagerfeuer. Nur nicht Brigitte, die sitzt in

der Mitte.

Alle Kinder kamen nach Haus, außer Holger, der hatte Verfolger.

Alle Kinder beobachten Cowboys, nur nicht Hasso, der hängt im Lasso.

Alle Kinder trinken Blut, nur nicht Heinz, es ist seins.

Alle Kinder springen von der Brücke auf den fahrenden Zug, nur nicht Peter, der sprang später.

Alle Kinder fahren Panzer, nur nicht Gunter - der liegt drunter!

Alle Kinder schwimmen im Stausee, nur nicht Sabine, die kämpft mit der Turbine.

Alle Kinder waschen sich, außer Rainer, den wäscht keiner.

Alle Kinder kriegen Prügel, nur nicht Renate, die kann Karate.

Alle Kinder haben Grippe. Nur nicht Petra, die hat Lepra.

Alle Kinder springen über die tiefe Schlucht, nur nicht Peter, dem fehlt 'n Meter.

Alle Kinder schauen auf das brennende Haus, nur nicht Klaus, der guckt raus.

Alle Kinder haben gute Zähne, nur nicht Lars, der ißt Mars.

Alle Kinder kamen zum Gipfel, außer Malte, der verschwand in der Spalte.

Alle Kinder müssen zum Frisör, nur nicht Matze, der hat ne' Glatze.

Alle Kinder schauen auf das brennende Auto, nur nicht Kurt, der hängt im Gurt.

Alle Kinder buddeln am Strand. Nur nicht Hein, den gruben sie ein.

Alle Kinder essen Metzelsuppe, nur nicht Hein, der kommt rein.

Alle Kinder laufen über den Friedhof, nur nicht Hagen, der wird getragen.

Alle Kinder besichtigen Löwen im Tierpark, nur nicht Jutta, die ist

Futter.

Alle Kinder beobachten Cowboys, nur nicht Hasso, der hängt im

Lasso.

Allen Kindern schmeckte das Fondue, nur nicht Hanne, die kam an

die Flamme.

Alle Kinder spielen mit dem Messer, außer Hagen, der hat's im

Magen.

25 Versaute Witze

Was muss eine Frau zuerst ausziehen, um ihren Mann ins Bett zu kriegen?
Den Stecker des Fernsehers.

Warum können 50% aller verheirateten Männer nach dem Geschlechtsverkehr nicht einschlafen?
Weil sie noch nach Hause fahren müssen!

Wie findet man den Bauchnabel einer Frau?
Streiche mit dem Finger den Rücken hinunter - wenn es das dritte Mal einrastet - haste ihn!...

"Herr Doktor, alle sagen ich sei nymphoman."
"Ja, liebe Frau, bevor ich eine Diagnose stelle, müssen Sie aber bitte meinen Penis loslassen."

Läuft einer in Unterhose den Strand entlang,
ruft ihm einer zu: "Hey, Du hast Deinen Slip
verkehrtrum an!" "Wie, den
Schlitz hinten?" "Nein, das Braune außen."

"Angeklagter, Sie bekennen sich doch
offen zur Homosexualität, warum haben Sie die
Nonne
vergewaltigt?" "Entschuldigung, aber von hinten
sah sie aus wie Zorro!"

Kommt eine Frau zum Frauenarzt und legt sich
auf den Stuhl. Der Arzt zieht gerade noch seine
Handschuhe an, dreht sich um, und kommt aus
dem Staunen nicht mehr raus. "Was ist das
denn für eine Riesenvagina?"
Die Frau schaut etwas verschämt und sagt:" Ich
wurde bei der letzten Safarie von einem
Elefanten vergewaltigt!"

"Hm", meint der Arzt, "Elefanten kenne ich, aber deren Ding ist doch nicht so dick!" "Stimmt", sagt sie," vorher hat er noch ein wenig gefingert."

Die 82jährige Oma kommt ganz aufgeregt zum Frauenarzt : "Herr Doktor, Herr Doktor, ich habe wieder meine Tage bekommen!" Der Arzt untersucht sie und kann sie schließlich beruhigen: "Kein Grund zur Aufregung, das ist nur das Rostwasser von der Spirale."

Ein junger Mann geht mit seinem Mädchen an den Weiden seines Vaters entlang spazieren. Da bespringt gerade ein Stier eine Kuh. Säuselt er ihr ins Ohr: "Das möchte ich jetzt auch gerne." Darauf Sie: "Kannst Du doch, sind doch Eure Kühe!"

Der Vater kommt spät in der Nacht nach Hause. Da hört er aus dem Zimmer seiner Tochter ein Stöhnen. Besorgt öffnet er leise die Tür und muss mit ansehen, wie es sich seine Tochter mit einer Banane besorgt. Am anderen Morgen bindet er die Banane an einem Strick fest und geht, die Banane hinter sich herziehend, durch die Wohnung. Als die Tochter daraufhin einen roten Kopf bekommt, fragt die Mutter, was das zu bedeuten habe. Darauf der Vater: "Ich zeige meinem Schwiegersohn die Wohnung...

Eine neue Metzgerei wird eröffnet. Als Geschenk packt der Metzger jedem Kunden ein Würstchen ein. Am anderen Tag kommt eine Kundin in die Metzgerei und sagt: "Sie haben mir gestern irrtümlich ein Würstchen

dazugepackt!"
"Nein, das gabs kostenlos zur Einführung!"
"Oh Gott, und ich habs gegessen!"

Eine graue Zelle kommt per Zufall in das Gehirn eines Mannes. Alles ist dunkel, leer und ohne Leben.
"Hu, hu!", ruft die graue Zelle.
Keine Antwort.
"Hu, hu!", wiederholt die graue Zelle.
Da erscheint plötzlich eine andere graue Zelle und fragt: "Was machst du denn so ganz alleine hier? Komm mit, wir sind alle unten!"

Fährt ein Opi mit dem Bus und stiert die ganze Zeit einen Punker mit einem roten Irokesenschnitt an. Plötzlich reicht es dem Punker und er schreit den Opa an: "Hey Alter, hast Du in Deiner Jugend nie eine Sünde begangen?"

Sagt der Opa: "Ja natürlich! Ich habe in meiner Jugend Hühner gefickt. Jetzt überlege ich die ganze Zeit, ob Du mein Sohn sein könntest..."

Junger Mann, Sie haben meiner Tochter die Unschuld geraubt - was haben Sie dazu zu sagen?" "Ich werde es ganz bestimmt nicht wieder tun..."

Warum haben Männer Beine? Antwort: Damit sie nicht immer Sackhüpfen müssen...

Das junge Paar frühstückt. Er: "Liebling, die Eier..." Sie: "Hart oder Weich?" Er: "Kraulen!!"

Fragt ein Kondom ein anderes: "Du siehst aber blass aus heute?" "Ja, ich war gestern wieder voll!"

Zwei Schwule treffen sich. Sagt der eine:
"Gestern ist mir ein
Kondom geplatzt!" "Im Ernst?" "Nein, im
Dieter."

Geht ein Mann zum
Arzt. "Was haben Sie denn?" "Herr Doktor, ich
habe einen Schwanz wie ein
Baby." "Na, dann ziehen Sie sich doch bitte mal
aus." Der Arzt guckt sich
das Ding genau an und sagt: "Tatsächlich - 50
Zentimeter lang und 5 Pfund
schwer..."

Klein Hannes und
Mutti am FKK-Strand: "Du Mutti, warum
haben einige Männer grössere

Schnidelwutze als andere ?" "Weisst Du Hannes,
je intelligenter jemand ist
umso grösser ist sein Schnidelwutz." "Du Mutti,
und warum haben einige
Frauen grössere Brüste als andere?" "Weisst Du
Hannes, je reicher eine Frau
ist, umso grösser sind ihre Brüste." "Ach so ist
das! Als nämlich Papa
gestern mit einer reichen Frau sprach, wurde er
immer intelligenter!..."

Wann soll eine Frau mit dem Bodybuilding
aufhören?
Wenn sie mit den Schamlippen Nüsse knacken
kann.

Zwei Penisse schreiben Abiklausur. Der eine hat
ne eins, der andere eine fünf. - Welcher ist
besser dran?

Der mit der fünf, der darf zur mündlichen...

Was ist der Unterschied zwischen einem Pullover, einem Hasen, einem Fußball und einer 18-Jährigen?
Der Pullover wird gestrickt, der Hase wird gespickt, der Fußball wird gekickt .. und die 18-Jährige wird 19.

77 lustige Pornotitel

Aliens vs Penetrator

(K)analreiniger, Sie kommen durch die Hintertür

Hobbythek Rindsrossetten zum selber fisten

Auf Schloss Bumms klappern die Nüsse

Alice im Ständerland

Anal Notdienst

Analdin und die wunde Schlampe

Anale Gesellschaftsspiele

Analverkehr in Darmstadt

Angriff der Klonmuschis

Arschlöcher wie Scheunentore

Bambi im Land der wilden Böcke

Bananenfick in Mosambik

Beine breit - Sahnezeit

Bens Hure

Bocky - Ein Mann steckt einen weg

Boschwanza

Der fliegende Klassenpimmel

Der gelbe Onkel - Lügen haben kurze Beine

Der Herr der Inge

Der Pizzamann mit der langen Salami

Die Mumie kehrt zurück - Oma will es nochmal wissen

Die Prinzessin auf der Eichel

Die Reise zum G-Punkt der Elke

Die Schwanzwald Klinik

Die Stadt der Stengel

Dornenmöschen und Hosenkot.

Es riecht nach Pipi im Taka-Tuka-Land

Faustgefickt und immer noch geil

Feinschmecker in der Spermabar

Ferien in Analistan

Feucht in der Wüste

Fick und Fotzi im Bumsbomber nach Thailand

Frau Antje verkauft auch Eichelkäse

Frau Wirtin bläst auch ohne Tuba

Frauenknast - Eingelocht im Lustkeller

Frisch gefickt und abgemolken

Fuck off – Im Körper des Feindes

Für eine Hand voll Sperma

Heute bleibt die Muschi kalt - heute wird anal geknallt

Hinein mit dem Bein

Hobbythek Rindsrossetten zum selber fisten

Jane Blond - Goldficker

Jane Blond - Casino Anal

Jane Blond - Der Arsch ist nicht genug

Lange Lümmel - 3 Beine für mehr Standfestigkeit

Lass die Enkel zwischen die Schenkel

Leck mir meine verschissenen Titten!

Lecker, lecker, Doppeldecker

Lieber zerfickt als erstickt

Mad Maxxx auf Tinas Donnerkuppeln

Mitten in die Dritten

Moby Fick- im Arsch des Pottwals

Oma Rose "98"fickgeil und nicht tod zukriegen

Omas von der Müllhalde

Pinocchios Nudelholz

Pipi auf Karl-Heinz

Pornflakes

Räuber Fotzenplotz

Reich mir den Stengel, du Bengel

Rote Klöten sollst du küssen

Sauerei auf der Bounty

Schindlers fist

Schneebesen vaginal

Schneefickchen und die 7 Schwänze

Schüttel mir die Palme

Schwanz der Vampire

Schwänze raus im Krankenhaus

Schwänzel und Gretel

Schweinchen Fick

Spiel' mir am Glied mit Kot

Vie Fäuste im Arsch

Vier Fäuste in Julia

Voll In' Arsch 1 bis 6

Volles Rohr im 5ten Gang

Weapons Of Ass Destruction

Wenn's im Arschloch 3x knallt